Wir sind füreinander da

Louise Spilsbury
Hanane Kai

Gabriel

Mehr über unsere Bücher, Autor*innen und Illustrator*innen auf: www.gabriel-verlag.de

Louise Spilsbury und Hanane Kai
Wir sind füreinander da
978 3 522 30588 4

Aus dem Englischen von Kristina Petersen

Die englische Originalausgabe erschien unter dem Titel
Rules and Responsibilities 2020 by Wayland an Imprint of
Hachette Children's Books Part of Hodder and Stoughton
Carmelite House 50 Victoria Embankment, London EC4Y ODZ.

Text: Louise Spilsbury
Illustrationen: Hanane Kai
Einbandtypografie: Doris Grüniger, Buch und Grafik, Zürich
Innentypografie: Eva Mokhlis, Swabianmedia, Stuttgart

2. Auflage 2022

FSC www.fsc.org MIX Paper from responsible sources FSC® C144853

Inhalt

Was sind Regeln?

Die meisten Menschen auf der Welt sind freundlich und fair. Sie behandeln andere Menschen mit Respekt und versuchen, immer das Richtige zu tun.

Regeln sind Anleitungen, die uns sagen, wie man sich verhalten sollte. Sie helfen den Menschen, gute Entscheidungen zu treffen. Durch Regeln lernen wir, richtig miteinander umzugehen und aufeinander Rücksicht zu nehmen.

Eine gerechte Welt

Was machst du, wenn du ein neues Spiel geschenkt bekommst? Du lernst als Erstes die Regeln! Die sind dazu da, dass man gut zusammen spielen kann.

Stell dir vor, du würdest mit deinen Freunden und Freundinnen Fußball ohne Regeln spielen: Die einen würden vielleicht den Ball in die Hand nehmen und einfach damit loslaufen, anstatt ihn zu kicken. Die anderen würden anstelle eines Torwarts drei Personen ins Tor stellen. Ohne Regeln macht so ein Spiel keinen Spaß!

Regeln zu Hause

Viele Familien haben zu Hause eigene Regeln. So gibt es zum Beispiel keinen Streit, wenn man fragt, bevor man etwas ausleiht. Und alle fühlen sich gerecht behandelt, wenn jeder einmal in der Woche den Abwasch macht.

Manche Regeln sind auch dazu da, dass wir gesund bleiben. Gilt bei dir zu Hause auch die Regel, dass sich alle vor dem Essen (und nachdem man auf der Toilette war) die Hände mit Seife waschen sollen? So schützt du dich vor gefährlichen Keimen und wirst nicht krank.

Mobbing

Regeln in der Schule

Zu Hause bestimmen oft deine Eltern die Regeln. In der Schule legen die Lehrer und Lehrerinnen viele der Klassenregeln fest. Manche Regeln bestimmt man auch gemeinsam in der Gruppe. So können zum Beispiel in der Familie Eltern und Kinder zusammen besprechen, welche Aufgaben sie teilen wollen. Auch in deiner Klasse habt ihr vielleicht gemeinsam eine Liste von Regeln aufgestellt. Meistens fällt es leichter, Regeln zu befolgen, die man selbst mit festgelegt hat.

Mobbing

Unterschiedliche Regeln

Wenn jemand ständig und sehr gemein geärgert wird, nennt man das auch Mobben. Es ist wichtig, dass es an der Schule klare Regeln gegen Mobbing gibt. Sie schützen Schülerinnen und Schüler und sorgen dafür, dass sich jeder wohlfühlt. Wenn du siehst, dass jemand gemobbt wird, solltest du es deiner Lehrerin sagen.

Regeln haben einen Sinn: Dass man pünktlich sein soll und den Lehrer nicht unterbrechen darf, stellt sicher, dass alle ungestört lernen können. Die Schulbücher sollte man sorgfältig behandeln, damit sie später auch noch andere Kinder benutzen können. Kennst du noch andere Regeln, die an deiner Schule gelten?

Regeln aufstellen

An unterschiedlichen Orten gelten unterschiedliche Regeln. Meistens darf man auf dem Schulhof herumrennen, um sich ein bisschen auszutoben. Im Schwimmbad dagegen ist rennen verboten, weil man auf dem nassen Boden ausrutschen und sich verletzen könnte.

An Orten wie Schulen, Parks und Schwimmbädern stehen die Regeln auf Schildern. Meistens werden sie durch einfache Symbole verdeutlicht, damit jeder die Regeln versteht, auch wenn man nicht lesen kann oder nicht die gleiche Sprache spricht.

Regeln brechen

Wenn Menschen Regeln festlegen, entscheiden sie auch, was passiert, wenn jemand gegen diese Regeln verstößt. Wenn jemand zum Beispiel drinnen Ball spielt, obwohl das verboten ist, dann wird ihm der Ball weggenommen. Wer im Klassenzimmer während des Unterrichts redet, wird vielleicht vom Lehrer für eine Zeit nach draußen geschickt.

Gesetze

Gesetze sind Regeln, die alle befolgen müssen, die in einem Land leben. Jede Regierung stellt Gesetze auf, um die Menschen zu schützen. Die Straßenverkehrsordnung sagt zum Beispiel, dass Autofahrer nicht auf dem Radweg fahren dürfen.

Wenn jemand gegen ein Gesetz verstößt, wird er dafür bestraft. Die Polizei ermittelt die Gesetzesbrecher. Ein Gericht entscheidet über die Strafe: Es kann den Schuldigen zu einer Geldstrafe oder sogar zu einer Gefängnisstrafe verurteilen.

Internationale Gesetze

Es gibt auch besondere Regeln, die auf der ganzen Welt gelten. Die meisten Länder haben sich darauf geeinigt, solche internationalen Gesetze zu befolgen. So verbietet zum Beispiel ein internationales Gesetz, dass Kinder unter 15 Jahren als Soldaten in den Krieg ziehen müssen.

Fast alle Länder befolgen die internationalen Gesetze, weil sie daran mitgeschrieben haben. Wenn ein Land ein solches Gesetz bricht, entscheiden die anderen Länder über die Folgen. Manchmal schicken sie dann sogar gemeinsam Soldaten in das Land, damit es sich an das Gesetz hält.

Was bedeutet Verantwortung?

Wenn die Regeln und Gesetze klar sind, weiß jeder genau, was seine Pflichten sind. Wenn man für etwas verantwortlich ist, erwarten die anderen, dass man etwas Bestimmtes sagt oder tut. Dazu gehört zum Beispiel, dass wir Regeln respektieren und befolgen. Wenn man verantwortungsvoll handelt, dann befolgt man eine Regel, weil man ihren Sinn versteht und nicht nur, weil man das tun muss! Wenn du Verantwortung übernimmst, dann räumst du dein Zimmer auf, auch wenn du dazu keine Lust hast und obwohl dich niemand dazu aufgefordert hat!

Verantwortungsbewusst handeln

Verantwortungsbewusste Menschen halten sich an ihre Versprechen. Sie bemühen sich darum, sich gut und fair zu verhalten. Sie denken darüber nach, was ihr eigenes Verhalten für die anderen bedeutet. Sie beleidigen andere Menschen nicht, weil sie wissen, dass sie ihnen damit wehtun.

Verantwortungsbewusste Menschen sehen ein, wenn sie etwas falsch gemacht haben und bemühen sich, den Fehler wiedergutzumachen. Wenn sie jemanden verletzt haben, bitten sie ihn um Entschuldigung.

Sich gegenseitig helfen

Wir sind alle für unser gutes Zusammenleben verantwortlich. Wir können dazu beitragen, indem wir höflich, freundlich und achtsam zu den anderen sind. Wir können unser Viertel verschönern, indem wir Abfall von der Straße aufsammeln oder dabei helfen, Blumen und Bäume zu pflanzen.
Wir können auch für andere Menschen da sein. Wenn ein Freund krank ist, können wir für ihn einkaufen gehen. Wir können bei einem hilfsbedürftigen Nachbarn die Blumen gießen, Schnee schippen oder den Hund ausführen. Es tut gut, anderen zu helfen.

0
218
4

Wie kannst du Verantwortung übernehmen?

Auch du kannst für andere da sein! Das fängt damit an, dass du dich an Regeln und Gesetze hältst. Du kannst dich auch selbst dafür einsetzen, dass zu Hause und in der Schule bestimmte Regeln aufgestellt werden.
Du kannst aber auch noch mehr Verantwortung für deine Umgebung übernehmen: Zum Beispiel könntest du zusammen mit deiner Familie und deinen Freunden im Stadtpark, eurem Wald oder am Strand aufräumen. Oder einen Marathon veranstalten, um Geld für einen guten Zweck zu sammeln. Fallen dir noch andere Wege ein, um Verantwortung zu übernehmen?

Informiere dich!

Artikel „Moral“ in in HanisauLand. Politik für dich
Lexikon für Kinder der Bundeszentrale für politische Bildung
www.hanisauland.de/wissen/lexikon/grosses-lexikon/m/moral.html

Wie entstehen unsere Gesetze? Kuppelkucker – Seite des Deutschen Bundestags
www.kuppelkucker.de/entdecke-den-bundestag/plenarsaal/wie-entstehen-gesetze/wie-entstehen-gesetze-1

Artikel „Gesetz“ WDR.TV
kinder.wdr.de/tv/neuneinhalb/mehrwissen/lexikon/g/lexikon-gesetz-100.html

Artikel „Macht und Regeln“ – Wie erklär ich's meinem Kind.
Frankfurter Allgemeine Zeitung.net
www.faz.net/aktuell/feuilleton/familie/wie-erklaere-ich-s-meinem-kind/kindern-erklaert-macht-und-regeln-14971810.html

Mobbing – Mehr als nur ärgern. Das ist Kindersache. Webseite des Deutschen Kinderhilfswerks in Berlin
www.kindersache.de/bereiche/wissen/natur-und-mensch/mobbing-mehr-als-nur-aergern

Spezial Mobbing und Cybermobbing. HanisauLand. Politik für dich
Lexikon für Kinder der Bundeszentrale für politische Bildung
www.hanisauland.de/wissen/spezial/miteinander/mobbing

Artikel Völkerrecht. Webseite Helles Köpfchen.de
www.helles-koepfchen.de/wissen/lexikon/voelkerrecht/

Geolino, Quiz: „Wie gut kennt ihr die Verkehrsregeln?“
www.geo.de/geolino/quiz-ecke/13837-quiz-quiz-verkehrsregeln

Wichtige Wörter

Keime sind winzige Lebewesen, die in großen Mengen fast überall auf der Erde vorkommen. Man kann sie mit bloßem Auge nicht sehen. Einige leben im Körper des Menschen oder auf seiner Haut. Manche Keime können Krankheiten verursachen, deshalb bezeichnet man sie auch als Krankheitserreger. Viele sind aber auch nützlich oder sogar lebenswichtig für den Menschen, zum Beispiel die Keime in unserem Darm.

Gefängnis Wenn jemand ein schweres Verbrechen begeht und dafür von einem Gericht verurteilt wird, muss er eine Strafe absitzen. Dafür kommt er ins Gefängnis.

Gemeinschaft Eine Gruppe von Menschen, die zusammenleben und die durch bestimmte Eigenschaften, Anschauungen und Ziele verbunden sind.

Gericht Ein Ort, an dem einer oder mehrere Richter und Richterinnen prüfen, ob ein Angeklagter ein Verbrechen begangen hat. Dafür hören sie alle Beteiligten und Zeugen an und fällen dann ein Urteil. Das Urteil ist objektiv und bezieht sich auf das geltende Gesetz. Es darf nicht von persönlichen Empfindungen beeinflusst sein.

Gesetze Ein Staat beschließt Gesetze, um das Zusammenleben seiner Bürger und Bürgerinnen zu regeln. Es gibt Gesetze für fast alle Bereiche des täglichen Lebens.

International Alles, das außerhalb eines Landes passiert oder das mehrere Länder betrifft. Was innerhalb eines Landes passiert, bezeichnen wir als national.

Mobbing Wenn man jemandem regelmäßig durch gemeines Verhalten das Leben schwer macht. Mobbing kann in der Familie, in der Schule oder am Arbeitsplatz passieren. Man kann jemanden mobben, indem man z.B. Lügen über ihn erzählt, ihn einschüchtert oder ihn bedroht.

Regierung Eine Gruppe von Politikern und Politikerinnen, die ein Land führen.

Respekt Wenn man die Meinungen und Gefühle anderer Menschen achtet und berücksichtigt.